Maria Theresia Bitterli

I 21 Mandala degli Angeli
delle Virtù di Ishvara

Primaedi zione 2021
© 2021, Ishvara Holistic Center
Dipintiet e stidi Maria Theresia Bitterli
mtbitterli@hotmail.com

Herstellung und Verlag: BoD – Books on Demand,
Norderstedt
ISBN: 9783753405919

Tutto ciò che non sale a livello di coscienza diventa un destino. (Jung)

Sommario

Introduzione

La virtù è la predisposizione d'animo indirizzata al bene. È la capacità di una persona di eccellere in qualcosa, di compiere un certo atto in maniera ottimale, di ambire ad essere virtuoso come un modo d'essere perfetto.

Le virtù stabiliscono la scala dei nostri valori umani. Eccellere nelle virtù porta alla pienezza della vita che è amore.

Coltivare questi 21 virtù di Ishvara aiuta a realizzare il Sé.

1. CORAGGIO

Ci vuole coraggio per vivere la vita in pienezza. Non c'è coraggio senza un po' di paura. Le opere più importanti nella storia sono state create dai più coraggiosi. Non avere paura di realizzare ciò che senti nel tuo cuore. Non lasciare che siano le tue paure a governare la tua vita, sii coraggioso nel conseguire la tua missione.

2. FORZA DI VOLONTA`

Senza volontà non c'è azione. Non mollare mai. Tutto è possibile, basta volerlo. I miracoli accadono quando smetti di dubitare. Se non sarai tu a scegliere, lo faranno gli altri per te. Usa la tua forza di volontà e vivrai senza rimpianti.

3. PRUDENZA

Nel dubbio è meglio aspettare. La legge della causa ed effetto crea la tua vita. Raccoglierai nel futuro ciò che semini ora. Sii consapevole e responsabile delle tue azioni e non azioni.

4. GENTILEZZA

Sii sempre gentile con tutti. Essere gentili è vivere in armonia con sé stessi e gli altri. Fa' che la gentilezza sia la tua religione.

5. SINCERITA'

Pensa, parla e agisci coerentemente. La paura di perdere la faccia rende l'uomo ipocrita e debole, ma è nella sincerità che diventa autentico e forte.

6. TOLLERANZA

Il tuo nemico è il miglior insegnante di tolleranza. Non respingere ciò che non conosci, ma accoglilo con gratitudine.

7. NON GIUDIZIO

Non giudicare ciò che non conosci. Per conoscere devi avere il coraggio di accogliere il diverso, lo sconosciuto. Tutto ciò che è diverso ti fa paura e di conseguenza lo giudichi. È ciò che non conosci che ti fa evolvere.

8. GIUSTIZIA

Sei nel giusto quando la tua coscienza e quella degli altri è in pace.

9. EMPATIA

Sii attento a ciò che accade dentro e fuori di te. Conosci te stesso e conoscerai gli altri. Impara a metterti nei panni degli altri rimanendo in ascolto attivo.

10. UMILTA'

Realizza te stesso con modestia e rispetto. Rimani fedele a te stesso e non farti umiliare da chi non ti conosce. Puoi imparare anche dal più piccolo degli esseri umani.

11. RISPETTO

Senza rispetto non ci può essere amore. Quando impari a rispettare te stesso rispetterai anche gli altri, la vita e la natura. Non puoi pretendere il rispetto dagli altri se prima non sei tu a concederlo.

12. COSTANZA

Ad ogni caduta, alzati e cammina. Non sbagli se rimani fermo in ciò che fai, ma ciò che fai dev'essere per il bene comune.

13. PAZIENZA

Non correre, tutto accadrà a suo tempo. Aspettare prima di trarre conclusioni è saggezza. Abbandonare ogni aspettativa è vera liberazione. Ricordati sempre che puoi stare fermo oppure correre velocemente pur rimanendo in pace.

14. SPERANZA

Domani sarà un altro giorno. La notte non sarà mai abbastanza lunga da non permettere al sole di sorgere. Alimenta pensieri positivi perché ciò ti aiuterà più di ogni altra cosa. Abbraccia la vita nella sua pienezza.

15. GENEROSITA'

Senza dare, non c'è ricevere. La generosità fiorisce dal cuore e non dalla mente. Prima di chiedere, pensa a ciò che hai dato. Quando dai con il cuore non ti aspetti nulla in cambio.

16. GRATITUDINE

Ringrazia la vita per ciò che ti ha dato. La bellezza della vita risiede nei piccoli gesti. Fa' che la gratitudine sia il tuo mantra. Prova a dire grazie ogni volta che ricevi e vedrai come cambierà la tua vita.

17. COMPASSIONE

Non puoi essere completamente felice se c'è ancora qualcuno al mondo che non lo è. Prima di agire, pensa a come reagiresti tu al suo posto. Non fare mai ciò che non faresti a te stesso. Puoi provare compassione solo se apri il tuo cuore.

18. FEDE

Abbandonati al divino. Non perdere mai la fede, tutto accadrà quando sarà arrivato il suo tempo. Quando hai fede tutto è possibile. La fede non fa' mai perdere la speranza.

19. AMORE

Siamo tutti uniti poiché connessi gli uni agli altri. La magia del momento apre il tuo cuore. L'amore si manifesta nel qui e ora. L'amore può essere solo per tutti e mai per pochi. Dove c'è separazione, non c'è amore.

20. SAGGEZZA

Bisogna iniziare a riconoscere la propria ignoranza per diventare più saggi. Se ignori, non conosci. Dal momento che riconosci di non sapere nulla, hai raggiunto il massimo della saggezza. Conoscere sé stessi è la via della saggezza. Tutto ciò che può essere espresso non è la verità. Quando il cuore e la mente si uniscono, incontri la saggezza.

21. EVOLUZIONE

Sii disposto a imparare per progredire. Non si finisce mai d'imparare. C'è sempre qualcuno che ne sa più di te. Anche dietro un mendicante si può nascondere un grande saggio. Imparare ad amare è la più grande evoluzione.

Biografia

Maria Theresia Bitterli

Master of Art in Counseling relazionale (Università Cusano di Roma) e Counselor immaginale diplomata con Selene Calloni Williams, Bachelor in scienza della comunicazione (USI), drammaterapista diplomata con Salvo Pitruzzella presso la scuola di Artiterapia di Lecco, formazione teatrale di base e diversi laboratori internazionali con Cristina Castrillo presso il Teatro delle radici, ha conseguito diverse tecniche teatrali e spettacoli con la piccola Commedia dell'arte, con Impro K13 e Keller 62 a Zurigo, lavoro teatrale con le maschere a Lucerna, ha frequentato corsi di psicodramma a Zurigo e in Toscana, corsi di improvvisazione teatrale presso il Teatro al gatto di Ascona, Teatro Dimitri di Verscio ed e.s. teatro di Lugano e un laboratorio teatrale Daughter con Jill Greenhalgh a Bellinzona, ha conseguito una formazione di musica improvvisata e concerti con Guy Bettini, ha partecipato a diversi workshop di canti armonici con Igor Ezendam e Gudrun Delin, canti spirituali/mantra e musica Zen con Dawio Bordoli, suona l'harmonium e l'arpa, è arteterapista, master Reiki, naturopata, channelor, medium e guaritrice della luce, insegnante di Yin Yoga (Yogi Ram), AuyrYoga diplomata (Remo Rittiner), Yesudian (Sven Jansen) e Yoga sciamanico e costellazioni immaginali (Selene Calloni Williams), astrologa e lettura delle carte Lenormand e i tarocchi (40 anni di ricerca ed esperienza), ricercatrice spirituale, ha creato insieme a suo marito Dawio diverse tecniche di crescita personale e spirituale e insieme conducono diversi gruppi di attività per la crescita personale, spirituale. Ha pubblicato 27 libri.

Ishvara

ssere infinito universale e impersonale, l'Assoluto, il Sé, il silenzio, l'eternità. È Assoluto ma anche la sua manifestazione. Infinite vite ha vissuto, vive, e vivrà, come tutte le onde dell'oceano. Come oceano non è separato dalle infinite onde. Non è separato da noi. È immanenza e trascendenza nel medesimo istante. Essere che conosce solo luce, solo unione, non conosce un voi e un noi, un io e un tu.

In questa manifestazione, una delle infinite, ci ricorda la via dell'essenza, la via della chiarezza diretta, che mira sempre dritta alla sorgente, la via che invita a realizzare quello spazio che precede la mente, quello spazio di silenzio, quello spazio senza spazio e tempo, di amore, unione, pienezza e pace infinita. Invita tutte le onde a realizzare di essere sempre state realizzate, di essere sempre state l'oceano, l'Assoluto, l'infinita pura coscienza universale e impersonale.

Nel glossario sanscrito (antica lingua dell'India) troviamo la seguente definizione di Ishvara: l'essere universale principio di ogni manifestazione.

A partire dalla Bhagavadgita, Ishvara diviene il titolo del "Dio supremo" e così verrà utilizzato, nel periodo post-vedico, per riassumere i differenti nomi delle divinità.

Presso la religione induista, Īśvara (dal sanscrito ईश्वर, "Signore, controllore"), o Ishvara (secondo una diffusa grafia anglosassone), chiamato anche Īśvara Deva o anche Parameśvara ("Signore Supremo"), è un concetto filosofico che indica l'aspetto personale di Dio (il cui aspetto impersonale e senza forma o attributi è invece chiamato Brahman). Ishvara è il Demiurgo o il Logos personificato, la Coscienza Assoluta del Brahman, il Signore della manifestazione che controlla e sostiene il Creato, o il Nous, la Mente Cosmica, Colui che provvede alla creazione dei mondi, al loro mantenimento e alla loro dissoluzione. In questo senso Īśvara può essere identificato con le tre Persone della Trimurti (Brahmā, Viṣṇu, Śiva), in quanto assomma in sé le principali funzioni delle tre divinità supreme induiste, spesso adorate come un'unica entità. Īśvara è l'aspetto personale e monoteistico di Dio, adorato presso le maggiori religioni mondiali, che per amore dell'uomo si incarna e si rivela sotto nomi e forme diverse.

Ishvara è il supremo Jīva, l'Anima Suprema, piena di consapevolezza, trascendente alle illusioni di questo mondo. Īśvara è il Saguna

Brahman, il Dio con forme ed attributi, perfetto, onnisciente, onnipotente e onnipervadente.

Ishvara ha contattato per la prima volta Therry e Dawio il 29 giugno 2017 alle ore 16.00 per dare degli insegnamenti a coloro che glieli richiederanno. Tutti i suoi insegnamenti sono stati pubblicati. Dal 25 luglio 2015 Therry e Dawio stanno vivendo continuamente diverse benedizioni e miracoli di ogni genere come ad esempio materializzazioni di Vibhuti, Amrita, Lingham, channeling, visioni, psicocinesi, chiaroveggenza e chiaroudienza nonché diversi altri fenomeni paranormali.

LIBERTA' - LUCE - AMORE

www.ishvaraholisticcenter.com